W9-CGX-302

TARÁNTULAS
LAS ARAÑAS

Louise Martin
Versión en español de Aída E. Marcuse

Anderson Elementary Library

The Rourke Corporation, Inc.
Vero Beach, Florida 32964

© 1993 The Rourke Corporation, Inc.

All rights reserved. No part of this book
may be reproduced or utilized in any form
or by any means, electronic or mechanical
including photocopying, recording or by
any information storage and retrieval
system without permission in writing from
the publisher.

Library of Congress Cataloging-in-Publication

Martin, Louise, 1955-
  [Tarantulas. Spanish]
  Tarántulas / de Louise Martin; versión en español de Aída E.
Marcuse.
    p. cm. — (Biblioteca de descubrimientos: Las arañas)
  Incluye índices.
  Resumen: Describe las características físicas, las costumbres y el
ambiente natural de unas arañas grandes y peludas, cuya
mordedura no es tan mortal como se creía.
  ISBN 0-86593-311-1
  1. Tarántulas—Literatura juvenil. [1. Tarántulas. 2. Arañas.
3. Español.] I. Título. II. Series: Martin, Louise, 1955-   Biblioteca
de descubrimientos: Las arañas. Español.
QL458.42.T5M3718 1993
595.4'4—dc20   93-10672
                                    CIP
                                     AC

ÍNDICE

LAS TARÁNTULAS

Las verdaderas tarántulas son las arañas "lobo" de Europa, y pertenecen a la familia *Lycosidae.* Su nombre proviene de Taranto, una ciudad italiana. Antiguamente se creía que las mordeduras de las tarántulas producían gran tristeza en sus víctimas. La gente llamó a esa tristeza **"tarantismo"** y pensó que el único medio de curar esa enfermedad mortal era bailando una danza desenfrenada, la **tarantela.**

La hembra de una araña
"lobo" con sus crías

LAS TARÁNTULAS Y LA GENTE

En realidad, la mordedura de la tarántula no es peligrosa para el hombre. Puede ser dolorosa, pero no por mucho tiempo. Por cierto: no es mortal, como antes se creía. Los científicos han usado **veneno** de tarántulas en experimentos con insectos y otros animales, y descubrieron que si bien mata a los insectos rápidamente, el veneno tarda hasta tres días en matar a un pájaro u otro animal pequeño.

Anderson Elementary Library

Estas tarántulas europeas no son muy venenosas

CÓMO SON

El tipo de tarántulas de que hablamos es completamente distinto de las arañas "lobo" de Europa. Son arañas grandes y peludas, de cuerpo grande y patas fuertes. Aunque también se las llama tarántulas, son miembros de la familia *Theraphosidae*, que forma, con otros tipos de arañas, el grupo llamado *Mygalomorphs*. Además de las peludas tarántulas, entre las *Mygalomorphs* están las arañas comedoras de pájaros, las "tejedoras de túnel", y las de tapadera.

*Una peluda tarántula
de Norte América*

CÓMO CRECEN

Los machos de las tarántulas de Norte América viven unos diez años, y se cree que las hembras pueden vivir hasta veinticinco años. A medida que crecen, la piel les va quedando chica. Cada vez que son demasiado grandes para su piel, la cambian o **mudan.** Las tarántulas macho suelen mudar de piel quince veces antes de alcanzar el tamaño adulto. Hasta que estas arañas están totalmente crecidas, es imposible decir si son hembras o machos.

Las tarántulas crecen hasta alcanzar un gran tamaño

*Las tarántulas mexicanas
"rodilla roja" a menudo se guardan
en las casas como mascotas*

Una tarántula comiéndose
un saltamontes

DÓNDE VIVEN

Las tarántulas de Norte América son comunes en los Estados Unidos, México, América Central y América del Sur. No son peligrosas para el hombre. Si se las manipula con brusquedad pueden morder—y su mordedura es dolorosa—. Pero son lo bastante inofensivas como para tenerlas de mascota. Una clase de tarántula mexicana, la que tiene manchas rojas en las rodillas, es preferida a menudo como tal. Esto ha disminuído su número en su ambiente natural. Las tarántulas pasan la mayor parte de sus vidas en nidos subterráneos. Sólo dejan el nido de noche, para cazar.

Las tarántulas succionan a sus presas hasta dejarlas secas

QUÉ COMEN

Las tarántulas son **nocturnas** y salen sólo de noche a cazar su alimento. Las tarántulas comen mayormente los insectos que encuentran en el área cercana a sus nidos. Las **especies** gigantescas de las selvas de América del Sur comen también animales pequeños, como ranas, lagartijas y culebritas. Los científicos han descubierto que estas tarántulas sudamericanas prefieren alimentarse con animalitos cuando viven en cautiverio.

Las tarántulas son suficientemente inofensivas como para manipularlas.

CÓMO COMEN

Ni siquiera las arañas más grandes pueden comer a su **presa** entera. No tienen con qué masticarla, y sólo pueden tomar alimentos líquidos. Para comer pequeños animales, la tarántula primero les inyecta veneno a través de sus colmillos huecos.

Esto **paraliza** a su presa. Después, las tarántulas más grandes machacan a los animales, empezando por la cabeza, y les extraen sus jugos con las piezas bucales que tienen. Pueden tardar un día entero en comerse una presa de este modo.

Una tarántula en pose defensiva

SUS PREDADORES

Los nidos subterráneos de las tarántulas les permiten esconderse de sus múltiples **predadores.** El enemigo más peligroso que tienen es la avispa cazadora de arañas. En Norte América estas avispas suelen llamarse "halcones de tarántulas," porque éstas son su presa principal. A menudo las tarántulas salen de prisa de sus nidos creyendo que las avispas son una buena presa, sólo para ser atacadas por ellas. Las avispas hasta suelen entrar en los nidos a buscar a las arañas.

Una avispa cazadora d. arañas arrastrando su pre

SUS DEFENSAS

La avispa atacante debe cuidarse mucho para evitar los colmillos de la tarántula. Para lograrlo, la avispa debe ser la primera en atacar y picarla con su aguijón exactamente en la cabeza, para paralizarle los colmillos. La segunda picadura, en la panza de la araña, la paralizará completamente. Cuando la araña ya no puede moverse más, la avispa la arrastra a su propio nido para alimentar a sus crías.

Glosario

especies (es-pe-cies) — término científico que significa tipo o clase

mudar (mu-dar) — eliminar la capa exterior de piel o pelo

nocturno (noc-tur-no) — activo de noche

paralizar (pa-ra-li-zar) — hacer que una persona o animal no pueda moverse más

predador (pre-da-dor) — animal que caza a otros para utilizarlos como alimento

presa (pre-sa) — animal que es cazado para que sirva de alimento

tarantismo (ta-ran-tis-mo) — enfermedad que produce mucha tristeza en la gente

tarantela (ta-ran-te-la) — baile desenfrenado que se creía podía curar a las víctimas de las mordeduras de las tarántulas.

veneno (ve-ne-no) — ponzoña

ÍNDICE ALFABÉTICO